AF414211

Nudo

بربنډ شوی

Italiano-Pashtu

Libro illustrato bilingue per bambini

Richard Carlson

Suzanne Carlson

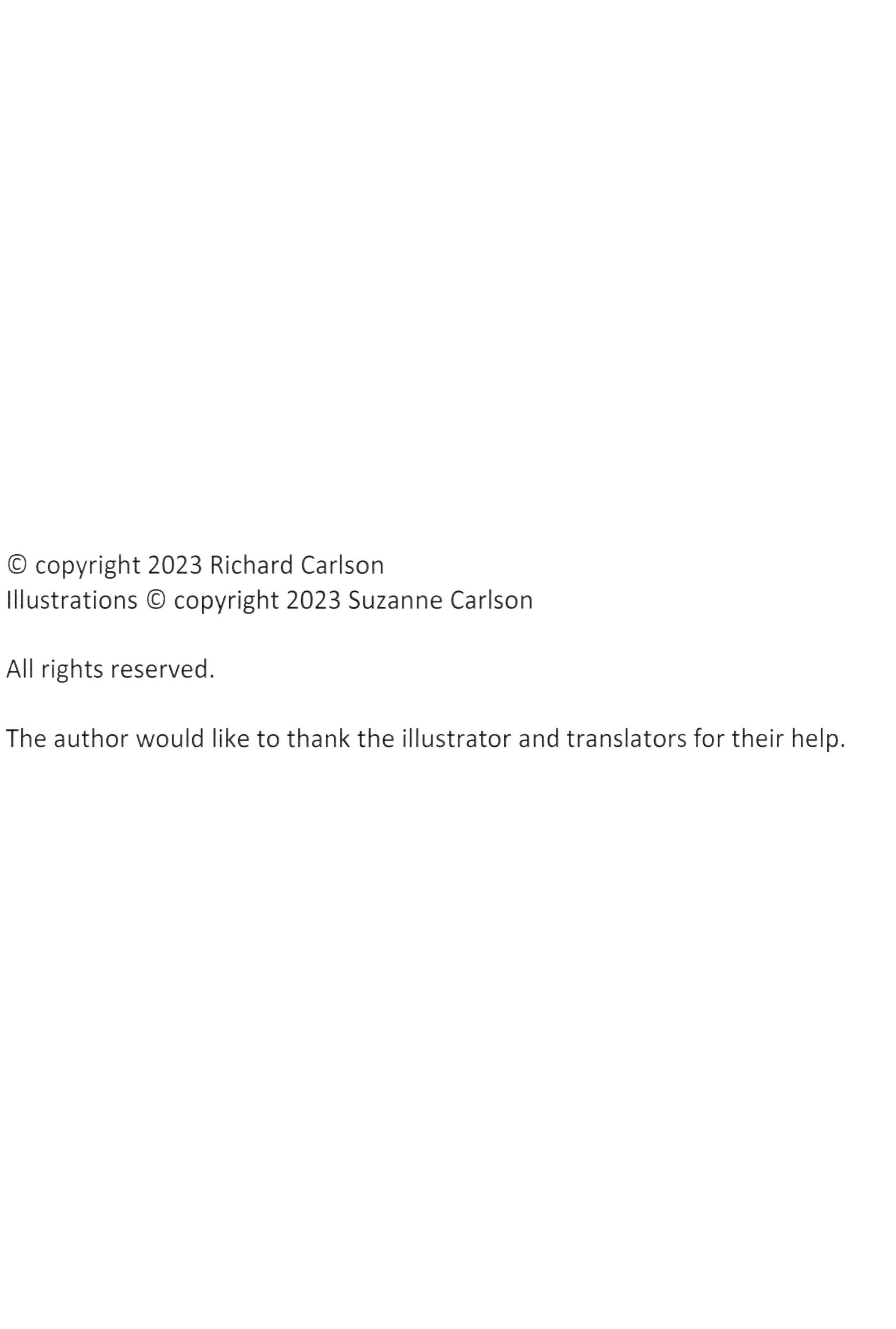

The author would like to thank the illustrator and translators for their help.

I miei due fratelli minori, Michael e Steven, ed io stavamo lottando in un'enorme, densa e profonda pozzanghera di fango nel nostro cortile. Poi, è arrivata l'ora di cena.

La mamma è entrata nel cortile sul retro e ha detto: "Spogliatevi che vi lavo".

زما دوه کوچني ورونه مايکل او ستيون او زه زموږ په انګړ کي د ختو په يوه لوی، غټ او ژور چقر کې کښتي کوله. بيا، ده ډوډۍ وخت وو.

مور انګړ ته راغله او ويي ويل: "خپلي جامي وباسی، زه به په تاسي اوبه واچووم."

Michael e Steven si sono tolti tutti i vestiti, ma io ho lasciato le mutande.

"Togliti le mutande", ha detto la mamma.

مايکل او ستيون خپلي ټولي جامي ليري کړي مګر ما په خپل ځان زير جامه پريښنوده.

مور وويل: "خپله زير جامه لرې کړه."

Mi è venuto un nodo in gola. Sarah, una ragazza della mia età, abitava nella casa accanto.

Sarebbe stato già abbastanza brutto per una ragazza vedermi in mutande, figuriamoci vedermi nudo. Sentivo il cuore che mi batteva in gola.

زه د سخت وخت سره سره مخ شوم. زما په عمر یوه نجلۍ ساره نږدې خوا ته په کور کې اوسېده.

د یوې نجلۍ لپاره به دا هم ډیر بد وي چې ما یوازې زما په زیر جامو کې ووینی, بیا دا چې ما برهند ووینې. ما په ستوني کې د زړه ټکان محسوس کړو.

"Non voglio", risposi, accigliato e indicando la casa accanto alla nostra.
"Sarah potrebbe vedermi nudo".

"زه نه غوارم،" ما ځواب ورکړ، په خندا شوم او د څنګ کور ته مې اشاره

وکړه. "ساره شايد ما بربنډ وويني."

"Va bene, puoi lasciartele addosso", ha risposto la mamma con un grande sorriso. Ho sentito il mio stomaco nervoso e tremante tornare alla normalità.

"بنه، تاسې کولای شئ دا په ځان پرېږدئ،" مور په لوی موسکا ځواب ورکړو.

ما خپل عصبي احساس وکړ، د معدې لرزیدل مې بیرته عادي حالت ته راغلو.

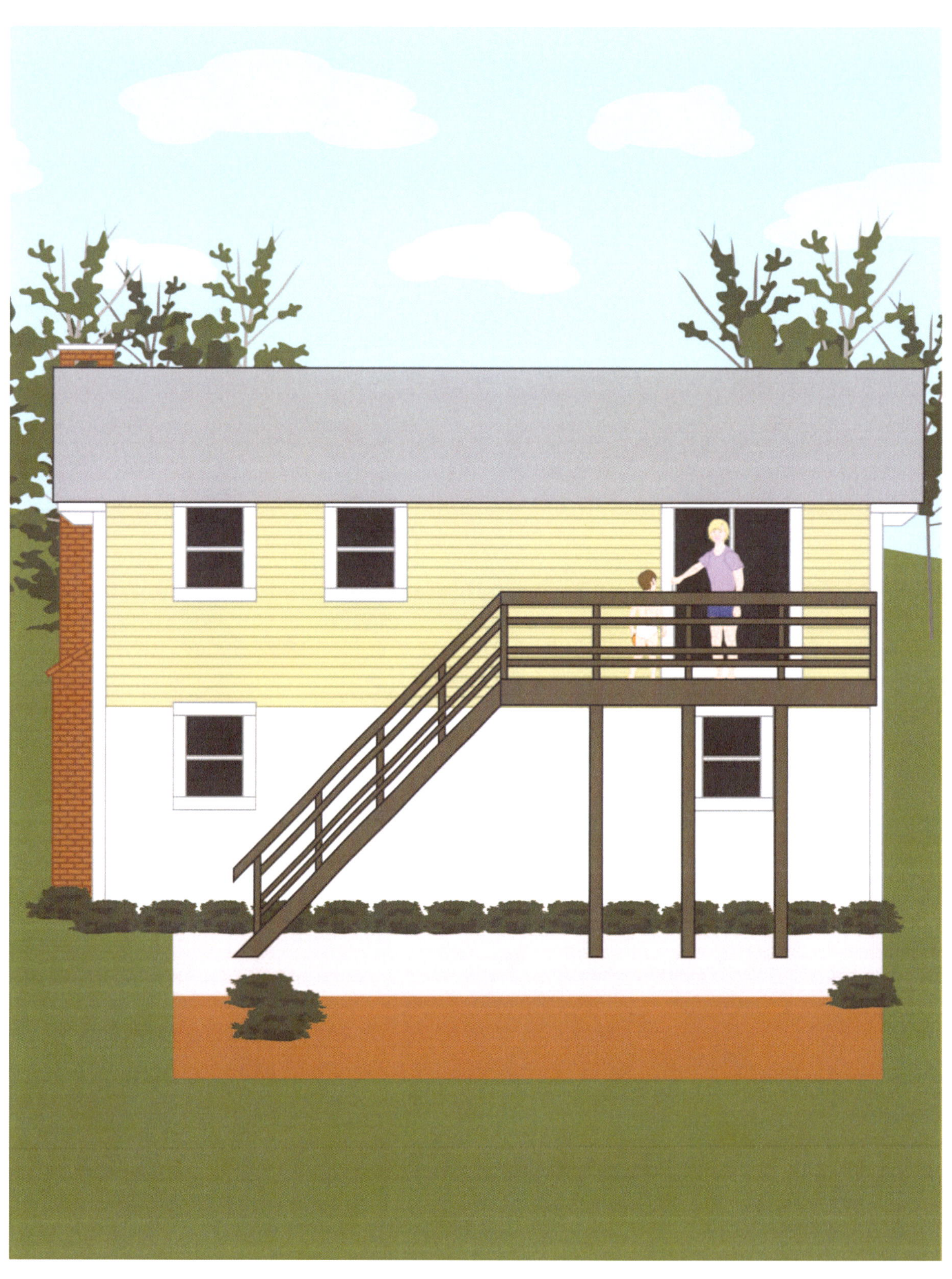

La mamma mi ha spruzzato per lavarmi, poi abbiamo salito le scale fino al pianerottolo e siamo entrati attraverso la porta scorrevole.

مور مې زه په اوبو اچولو سره پاک کړم او بیا موږ له زینو څخه ډیک ته لاړو او د سلیډینګ دروازې له لارې دننه شو.

Dentro, mi sono sentito al sicuro, allora mi sono tolto le mutande. I miei fratelli ed io andammo velocemente, nudi, nelle nostre camere da letto e ci vestimmo di fresco.

Sono così felice di aver detto alla mamma come mi sentivo!

دننه ما د خونديتوب احساس وكړ نو ما خپلي زير جامي ليرې كړې. زما ورونه او زه په بيړه لوڅ زموږ د خوب خونې ته لاړو او پاكې/تازه جامي مو واغوستې.

زه ډير خوش يم چي ما مور ته وويل چي ما څنګه احساس كوو!

Informazioni sul libro: Richard è un ragazzo molto timido, sensibile e fantasioso. Non c'è niente di più imbarazzante per lui di essere visto nudo da una ragazza. La mamma capirà la sua situazione e lo aiuterà a uscire dalla situazione scomoda in cui si trova? Basato su una storia vera accaduta a Stormville, nello stato di New York, USA, intorno al 1979.

L'autore: Richard Carlson Jr. è un autore di libri bilingui per bambini. www.richardcarlson.com

L'illustratrice: Suzanne Carlson, artista dotata di un talento poliedrico, si diverte a creare un'ampia gamma di progetti. www.suzannecarlson.com